Moritz Trautmann

Lachmanns Betonungsgesetze

und Otfrids Vers

Moritz Trautmann

Lachmanns Betonungsgesetze
und Otfrids Vers

ISBN/EAN: 9783742894113

Hergestellt in Europa, USA, Kanada, Australien, Japan

Cover: Foto ©Thomas Meinert / pixelio.de

Moritz Trautmann

Lachmanns Betonungsgesetze

UND

OTFRIDS VERS.

VON

Dr. **MORITZ TRAUTMANN,**
DOCENT AN DER UNIVERSITÄT LEIPZIG.

———————————

Verlag der Lippert'schen Buchhandl. (Max Niemeyer) in Halle.

Anglia.
Zeitschrift für Englische Philologie
enthaltend
Beiträge zur Geschichte der Englischen Sprache und Literatur,
herausgegeben von **Richard Wülcker**
nebst
kritischen Anzeigen und einer Bücherschau,
redigirt von **Moritz Trautmann**.

In dem letzten Jahrzehnt, besonders nachdem man anfing, an verschiedenen Deutschen Hochschulen eigene Lehrstühle für Englisch einzurichten, ist das Studium des Englischen in Deutschland sehr emporgeblüht. Zeugniss dafür ist eine Reihe von Arbeiten aus diesem Gebiete, welche theils selbständig, theils in Zeitschriften erschienen. Die kleinern Aufsätze fanden bisher hauptsächlich im „Jahrbuch für Romanische und Englische Sprache und Literatur" Aufnahme. Allein da mit Ende des laufenden Jahres das Jahrbuch aufhören wird zu erscheinen, so ist zu fürchten, dass die Gelehrten auf dem Gebiete des Englischen genötigt seien, ihre kleinern Abhandlungen in den verschiedenen Germanistischen und Romanistischen Zeitschriften zu zerstreuen.

Wir glaubten nun aber, dass unsere Wissenschaft jetzt kräftig genug sei, um eine eigne Zeitschrift beanspruchen zu können und wendeten uns daher an unsere Fachgenossen, um ihre Ansicht darüber zu hören. Denn unseres Erachtens darf ein solches Werk nicht auf den Schultern eines Einzelnen ruhen und, wenn auch die Redaktion in den Händen Weniger liegen muss, kann eine solches Blatt doch nur dann Interesse bei Vielen erwecken, wenn sich Viele als Mitarbeiter daran betheiligen und dadurch vor Allem einer zu grossen Einseitigkeit im Inhalte vorgebeugt wird. Ueberall nun fanden wir das grösste Interesse an unserm Unternehmen und das freundlichste Entgegenkommen. Wir haben daher die Anglia zu einer Zeitschrift gemacht und glauben, dass die stattliche Reihe unserer Fachgenossen, die sich bis jetzt als Mitarbeiter angemeldet haben, genügende Bürgschaft für das Gedeihen dieser Zeitschrift gewährt.

Der erste Theil der Anglia soll Aufsätze aus dem Gebiete der Englischen Sprache und Literatur, in ihrer ganzen Ausdehnung (also von etwa dem 7. Jahrhundert an bis zu dem unsrigen), bringen und nicht nur die Sprache der Schriftsteller, sondern auch die Englischen Dialekte berücksichtigen. Da aber noch fortwährend aus den reichen Schätzen der Bibliotheken Englands neues Material für sprachliche und literarische Untersuchungen zugeführt werden kann, so sollen auch wichtige, noch unedirte oder schwer zugängliche Texte, wenn sie nicht allzu umfangreich sind, zum Abdrucke gelangen. Die Aufnahme von neuen Collationen wichtiger Werke wird dazu dienen, die Versehen früherer Herausgeber zu verbessern und die einzelnen Lesarten festzustellen. Die Redaktion dieses Theiles übernimmt Prof. Richard Wülcker.

Im zweiten Theile sollen die neuen Erscheinungen auf unserm Gebiete vorgeführt und, nach der Wichtigkeit des Gegenstandes, in kürzeren oder längeren Kritiken besprochen werden. Am Schlusse des Jahres wird durch eine Bibliographie eine Uebersicht über die Arbeiten des vorhergehenden Jahres gegeben werden. Diesen kritisch-bibliographischen Theil redigirt Dr. Moritz Trautmann, Docent zu Leipzig.

Die „Anglia" erscheint vom Jahre 1877 an jährlich in 3 Heften von je 8—10 Bogen (excl. Bibliographie) und wird das erste Heft April 1877 zur Ausgabe gelangen. Der Preis des Jahrganges beträgt Mark 15. Das Honorar ist auf Mark 20 pro Bogen festgesetzt. Nach dem Erscheinen eines jeden Heftes wird Abrechnung stattfinden. Die Verlagsbuchhandlung giebt 10 Separatabzüge von jedem Beitrage. Die Zusendungen eines jeden Mitarbeiters werden in seiner Muttersprache erwartet.

Ihre Mitarbeiterschaft haben bis jetzt zugesagt:

In Deutschland: B. ten Brink in Strassburg, N. Delius in Bonn, K. Elze in Halle, F. Flügel in Leipzig, Chr. Grein in Hannover, W. Hertzberg in Bremen, M. Heyne in Basel, C. Horstmann in Sagan, A. Kissner in Erlangen, R. Köhler in Weimar, L. Lemke in Giessen, F. A. Leo in Berlin, F. Lindner in Rostock, E. Mall in

Würzburg, Th. Müller in Göttingen, J. Schipper in Königsberg, A. Schmidt in Königsberg, Im. Schmidt in Falkenberg, E. Sievers in Jena, E. Stengel in Marburg, A. Stimming in Kiel, W. Victor in Düsseldorf, W. Wagner in Hamburg, J. Zupitza in Berlin.

In England: A. J. Ellis in London, F. J. Furnivall in London, R. Morris in London, H. Sweet in London. — Weitere Mitarbeiter in England und Amerika stehen noch in Aussicht.

Die ersten Hefte werden enthalten B. ten Brink über „Genesis und Exodus"; Christ. Grein über das Gedicht: „be dômes dæge"; C. Horstmann: „Die Legenden von Cölestin und Susanna" (Einleitung und Text); R. Köhler: „Zu Chaucer's The Milleres Tale"; W. Wagner über „Websters Duchess of Malfi"; J. Zupitza: „Zum Poema Morale", — „Fragmente einer Englischen Chronik", — „Lateinisch-Englische Sprüche", — „Das Nicaeische symbolum in einer Aufzeichnung des 12. Jahrh."; M. Trautmann über „Huchown und seine Werke"; R. Wülcker: „Das Romanische in Lazamon", — „Collation zu Beowulf".

Neuester Verlag der **Lippert'schen Buchhandl.** (MAX NIEMEYER) in **Halle a/S.**

Neudrucke deutscher Litteraturwerke des XVI. und XVII. Jahrhunderts. Nr. 1—3. kl. S.   à 60 Pf.

   Nr. 1. **Martin Opitz**, Buch von der Deutschen Poeterei. Abdruck der ersten Ausgabe (1624).

   Nr. 2. **Johann Fischart**, Aller Praktik Grossmutter. Abdruck der ersten Bearbeitung (1572).

   Nr. 3. **Andreas Gryphius**, Horribilicribrifax. Scherzspiel. Abdruck der ersten Ausgabe.

Die „Neudrucke deutscher Litteraturwerke des XVI. und XVII. Jahrhunderts" sollen eine Anzahl wichtiger Erscheinungen aus der prosaischen und poetischen Litteratur jener Periode durch genaue Abdrücke der meist sehr seltenen Original-Ausgaben den weitesten Kreisen der Litteraturfreunde wieder zugänglich machen. Die Erreichung dieses Zweckes glaubt die Verlagsbuchhandlung zu fördern, indem sie jedes Stück zu dem billigen Preise von 60 Pf. einzeln abgiebt. Umfänglichere Werke werden in doppelten oder mehrfachen Heften zur Ausgabe gelangen. Die Redaktion der Sammlung, welche ununterbrochen fortgesetzt wird, hat Herr Dr. Wilhelm Braune in Leipzig übernommen. Als Nr. 4 und 5 gelangen zur Ausgabe: Martin Luther, An den Christlichen Adel deutscher Nation (1520) und Andreas Gryphius, Peter Squenz. Schimpfspiel.

Verlag der Lippert'schen Buchhandl. (Max Niemeyer) in Halle.

Braune, W., althochdeutsches lesebuch zusammengestellt und mit glossar versehen. gr. 8. 1875. 4 Mk.

Gregorius von Hartmann von Aue, herausgeg. von H. Paul. 8. 1873. (Mit einem nachtrag, enthaltend die ergänzungen und verbesserungen aus der Berner handschrift. 1876.) 4 Mk.

Li Chevaliers as deus espées. Zum ersten Male herausgeb. von Prof. Dr. W. Förster. 8. 1877. 15 Mk.

Paul, H., Gab es eine mittelhochdeutsche schriftsprache? 2ter unveränderter Abdruck. 8. 1873. 1 Mk.

— — Zur Nibelungenfrage. 8. 1877. 3 Mk.

Sievers, E., Der Heliand und die angelsächsische Genesis. 8. 1875. 1 Mk. 50 Pf.

Trautmann, M., Ueber verfasser und entstehungszeit einiger alliterirender gedichte des altenglischen. 8. 1876. 1 Mk.

Vogt, Fr., Leben und Dichten der deutschen Spielleute im Mittelalter. 8. 1876. 80 Pf.

Wülcker, Dr. Rich. Paul, Altenglisches lesebuch. Zum gebrauche bei vorlesungen und zum selbstunterricht. I. teil, die zeit von 1250—1350 umfassend. gr. 8. 1874. 4 Mk. 50 Pf.
Der II. Theil ist unter der Presse.

Bonnardot, M., Chartes françaises de Lorraine et de Metz. gr. 8. 1873. 2 Mk.

Der Münchener Brut, Gottfried von Monmouth in französischen Versen des zwölften Jahrhunderts aus der einzigen Münchener Handschrift zum erstenmal herausgegeben von Konrad Hofmann Karl Vollmöller. 1876. 5 Mk.

Cantos de Ledino, tratti dal grande Canzoniere Portoghese della Bibliotheca Vaticana con traduzione e note per **Ernesto Monaci**. gr. 8. geh. 2 Mk.

Communicazioni dalle biblioteche di Roma e da altre biblioteche per lo studio delle lingue e delle litterature romanze a cura di E. Monaci. vol. I. il **Canzoniere portoghese** della biblioteca vaticana. 4. con 2 Facsimili. 1876. 45 Mk.

Li Dialoge Gregoire lo Pape. Altfranzösische Uebersetzung der Dialoge des Papstes Gregor, mit dem lateinischen Original, einem Anhang: Sermo de Sapientia und Moralium in Job fragmenta, einer grammatischen Einleitung, erklärenden Anmerkungen, und einem Glossar. Zum ersten Male herausgegeben von Prof. Dr. Wendelin Förster. Band I. Text gr. 8. geb. 10 Mk.

Körting, G., Dictys und Dares. Ein Beitrag zur Geschichte der Troja-Sage in ihrem Uebergange aus der antiken in die romantische Form. kl. 8. 1874. 2 Mk. 80 Pf.

Monaci, E., Appunti per la Storia Teatro del Italiano. I. Uffizi dramatici dei disciplinati dell' Umbria. gr. 8. 1874. 4 Mk.

Rencesval. Edition critique du texte d'Oxford de la Chanson de Roland par Ed. Böhmer. 1872. 16. 1 Mk. 60 Pf.

Philippson, E., der Mönch von Montaudon. Ein provenzalischer Troubadour. Sein Leben und seine Gedichte, bearbeitet und erklärt mit Benutzung unedirter Texte aus den Vaticanischen Handschriften Nr. 3206, 3207, 3208 und 5332 sowie der estensischen Handschrift in Modena. 1873. kl. 8. geb.
2 Mk. 50 Pf.

Schuchardt, H., Ritornell und Terzine. Begrüssungsschrift der Universität Halle-Wittenberg zum sechzigjährigen Doctorjubiläum des Herrn Prof. Dr. Karl Witte. 1875. 4. 8 Mk.

Stengel, Ed., Mittheilungen aus französischen Handschriften der Turiner Universitäts-Bibliothek, bereichert durch Auszüge aus Handschriften anderer Bibliotheken, besonders der Nationalbibliothek zu Paris. 1873. 4. 2 Mk. 50 Pf.

Suchier, H., Ueber die Matthaeus Paris zugeschriebene Vie de seint Auban. 1876. 8. 2 Mk.

Trautmann, M., Bildung und Gebrauch der tempora und modi in der Chanson de Roland. I. Die Bildung der tempora und modi. 1871. kl. 8. 1 Mk.

Victor, Dr. W., die Handschriften der Geste des Lohérains. Mit Texten und Varianten. kl. 8. geb. 4 Mk.

Wülcker, R. P., Funfzig Feldpostbriefe eines Frankfurters aus den Jahren 1870 und 1871. 2. Auflage. 1876. 8. 2 Mk.

An-Naḥḥâs' Commentar zur Muʿallaqa des Imruul-Quais. Nach der Leidener und Berliner Handschrift herausgegeben von Dr. E. Frenkel. 1876. 8. 4 Mk.

Aus den Papieren des Ministers und Burggrafen von Marienburg Theodor von Schön. Bd. I. Mit 2 Lithographien. 1875. 8. geb. 11 Mk. 50 Pf.

Brandes, H., Abhandlungen zur Geschichte des Orients im Alterthum (Der Assyrische Eponymenkanon. — Die Chronologie der beiden Hebräischen Königsreihen. — Die Aegypt. Apokatastasenjahre.) gr. 8. 1874. 4 Mk.

Dissertationes philologicae Halenses cum praefatione Henrici Keilii. vol. I. II. 1873. 1875. 8. 11 Mk.

  vol. I. M. Kleemann, Reliquiarum dialecti Creticae pars I. Glossae Creticae cum commentariolo de universa Creticae dialecti indole. — G. Gutsche, Quaestiones de Homerico hymno in Cererem. — E. Walther, de Taciti studiis rhetoricis. W. O. Friedel, de Sophistarum studiis Homericis. — E. Schinck, de interiectionum epiphonematumque vi atque usu apud Aristophanem. — R. Kohlmann, de verbi Graeci temporibus. — K. Zacher, de prioris nominum compositorum Graecorum partis formatione. 1873. 6 Mk.

  vol. II. A. Weingärtner, de Horatio Lucretii imitatore. — G. Votsch, Quaestiones de infinitivi usu Plautino. — J. Schmidt, de Herodotea quae fertur vita Homeri disputavit. — Aem. Doberentz, de scholiis in Thucydidem. — E. Matthias, de scholiis in Juvenalem. 1876. 5 Mk.

Gedanken und Erfahrungen über Ewiges und Alltägliches. Für das deutsche Haus. von Otto Nasemann. Bd. I. Heft 1. 8. 1877. 3 Mk.

Gerland, G., Anthropologische Beiträge. Band 1. (Ueber die Entwickelungs- und Urgeschichte der Menschheit.) 8. 1875. 8 Mk.

Giesebrecht, Dr. Fr., Ueber die hebräische Präposition Lamed. 8. 1876. 4 Mk.

Grulich, Dr. Oscar, Quaestiones de quodam hiatus genere in Homeri carminibus instituit. 8. 86. cum appendice 37 pp. 2 Mk. 40 Pf.

Henke, E. L. Th., Neuere Kirchengeschichte. Nachgelassene Vorlesungen für den Druck bearbeitet und herausgegeben von Dr. W. Gass. Bd. I. Geschichte der Reformation. gr. 8. 1874. 8 Mk.

Henke, E. L. Th., Nachgelassene Vorlesungen über Liturgik und Homiletik für den Druck bearbeitet u. herausgegeben von Dr. W. Zschimmer. Mit einem Vorwort von D. Gustav Baur. 8. 1876. 10 Mk.

Herrmann, W., Die Metaphysik in der Theologie. 8. 1876. 1 Mk. 60 Pf.

Heydemann. H., Zeus im Gigantenkampfe. Erstes Hallesches Winckelmannsprogramm. 4. mit 1 Tafel. 1877. 2 Mk.

Jacobi, Dr. R., Die Quellen der Langobardengeschichte des Paulus Diaconus. Ein Beitrag zur Geschichte deutscher Historiographie. 1876. circa 3 Mk.

Leander, Richard, Aus der Burschenzeit. Ein Idyll. 1876. kl. 8. 1 Mk.

Peppmüller, R., Ueber die Composition der Klagelieder im 24. Buch der Ilias. kl. 8. 1872. 75 Pf.

Schmidt, Joh., Leibnitz und Baumgarten, ein Beitrag zur Geschichte der deutschen Aesthetik. (Hierin eine gründliche Kritik aesthetischer Anschauungen Lotze's und Zimmermann's.) 8. 1875. 2 Mk. 80 Pf.

Schmidt, Joannes, de Herodotea quae fertur vita Homeri disputavit. 8. 1875. 2 Mk. 80 Pf.

Schwertzell, G., Helius Eobanus Hessus. Ein Lebensbild aus der Reformationszeit. 8. 1873. 2 Mk. 50 Pf.

Thiele, Dr. G., Kant's intellectuelle Anschauung als Grundbegriff seines Kriticismus dargestellt und gemessen am kritischen Begriffe der Identität von Wissen und Sein. 1876. 8. 6 Mk.

Voss, M. von, Zur Geschichte der Autonomie der Stadt Halle. 8. 1873. 1 Mk. 50 Pf.

Zschimmer, W., Salvianus, der Presbyter von Massilia und seine Schriften. Ein Beitrag zur Geschichte der lateinischen Literatur des V. Jahrhunderts. 8. 1875. 1 Mk. 50 Pf.

Halle, Druck von E. Karras.

Zeitschrift
für
Romanische Philologie
herausgegeben von
Dr. Gustav Gröber,
Prof. a. d. Universität. Breslau.

Unleugbar hat seit einer Reihe von Jahren die Forschung auf dem Gebiete der romanischen Philologie allerwärts einen bedeutenden Aufschwung genommen, ja sie darf, wie ihr Begründer an seinem Lebensabend noch constatiren zu können die Genugthuung hatte, sich rühmen den andern Gebieten versagten oder nur in geringem Maasse vergönnten Vorzug eine fast europäische Betheiligung errungen zu haben. Es hat sich nicht nur die Zahl von Diez's directen und indirecten Schülern in Ländern germanischer und romanischer Zunge bedeutend gemehrt, nicht nur begünstigen die Regierungen des In- und Auslandes durch Begründung von Lehrstühlen und Seminarien das Studium der romanischen Philologie aufs Kräftigste, es wächst auch von Tag zu Tag die Menge wissenschaftlicher Leistungen, die an ihnen interessirten Kreise erweitern sich in dem Maasse ihrer zunehmenden Vertiefung über die Fachgenossen und Forscher auf nächstverwandten Gebieten hinaus, und wie in den romanischen Ländern das Gefühl erwacht, dass Kenntniss der ältern heimischen Sprache und Literatur eine Angelegenheit nationaler Bildung sei, so ist in den ausserromanischen längst der Gedanke zur allgemeinen Ueberzeugung geworden, dass den Schulen das den Unterricht belebende, geistweckende Element wissenschaftlicher Einsicht in die von ihnen gelehrten romanischen Sprachen zugänglich gemacht werden müsse.

Gegenüber solch' erfreulicher Zunahme des Interesses an romanischer Philologie ist es jedenfalls zu bedauern, dass zwei von den ihr gewidmeten Organen, die einen wesentlichen Antheil an diesem Erfolge haben, mit den im Erscheinen begriffenen Bänden ihren Abschluss finden werden, und wenn, wie nicht zu bezweifeln war, nach dem Tode des Meisters von allen Denen, die auf seinen Pfaden wandeln, „das Gefühl der Aufgabe lebhafter als je empfunden wurde im Wechsel der Geschlechter ein kostbares Erbe mühevoll gewonnenen Besitzes nicht geschmälert, vielmehr in seinem Sinn geäufnet den Nachkommenden zu überliefern und mit dem Besitze auch den Sinn dafür ihn werth zu halten und weiterhin wiederum zu mehren", so musste das Unternehmen einer neuen Zeitschrift für romanische Philologie von deutschen wie ausländischen Romanisten mit Freuden begrüsst, als eine Pflicht gegen den Verstorbenen und als ein nothwendiges Mittel zur Förderung der jungen Disciplin erkannt werden. Dies ist in der That geschehen, und die der „Zeitschrift für romanische Philologie" im In- und Ausland gewonnenen zahlreichen Mitarbeiter berechtigen zu der Hoffnung, dass dieselbe ihren Zweck und die an sie zu stellenden Anforderungen erfüllen werde.

Diese müssen freilich als sehr vielseitige gedacht werden. Denn ist auch nicht zweifelhaft, dass sie nur durch Einzelforschungen die Einsicht in die Entwicklungsgeschichte der romanischen Sprachen und Literaturen fördern kann, so hat sie jedenfalls den Interessen Vieler zu dienen und die Aufgabe die von ihr vertretene Disciplin nach allen ihren Richtungen hin zu cultiviren und jederzeit die Höhe und Weite wissenschaftlicher Erkenntniss in ihr darzustellen. Bei der beträchtlichen Ausdehnung des zu durchforschenden Gebietes, der grossen Zahl von Sprachen und Sprachnuancen und deren denkmalreichen Literaturen kann die Aufgabe keine leichte erscheinen, und ausschliessen kann das neue Organ nur das Wenige, was in anderen eine speciellere Pflege erfährt. Es muss daher durch methodisch ausgeführte philologische, linguistische, literarhistorische Abhandlungen, durch Mittheilungen aus Handschriften, aus dem Sagen- und Sprachschatz der romanischen Völker, durch kleinere Beiträge zur Grammatik, Etymologie, Dialectologie, Textkritik, Exegese, Sprach- und Literaturgeschichte etc. in einer der Wichtigkeit der verschiedenen romanischen Sprache und ihrer Epochen entsprechenden Weise die Kenntniss von denselben und von ihren Literaturen zu erweitern und durch eingehende Besprechungen aller wichtigen Arbeiten auf dem Gebiete der romanischen Philologie ein Bild von dem Fortschritt der Forschung Anderer zu geben suchen. Aber die Zeitschrift wird in ihren Beiträgen auch weniger cultivirte Studienrichtungen nicht ausser Acht lassen dürfen, deren Berücksichtigung und Pflege mit Recht von der Zeit gefordert wird. So die Chronologie der Entwicklung der romanischen Laute namentlich in der Zeit vor dem Erwachen der romanischen Literaturen, in welcher Beziehung man das die Succession der Lautgesetze oft verrathende gegenseitige Sichhemmen und Bedingen derselben noch wenig verwerthet hat; die lautphysiologische Erklärung für Vocal- und Consonantenwechsel, die noch nirgends selbst für so einfache Vorgänge wie das Erstehen von Verschlusslauten zwischen Liq. + Explos. oder Liq. differenter Organe ausgesprochen ist, oder sich auf Darlegung des Mechanismus bei der Entwicklung von Vocal- aus Verschlusslauten geschweige denn auf schwierigere Seiten der Lautlehre erstreckte. Dringlich geradezu sind vollständige Nachweise der Kriterien für den gelehrten Ausdruck in den romanischen Sprachen und Dialecten zu nennen, wenn die linguistische Argumentation nicht oft noch der Strenge entbehren, wenn Zweifel an der ausnahmslosen Geltung der Lautgesetze, die Wörter wie z. B. it. popolo neben poppio, letto (lēctus) neben diritto (dīrēctus) erzeugen, beseitigt werden sollen. Die Abmarkung der Dialecte für die alte und neue Zeit, worüber nur erst Italien hervorragende Arbeiten aufzuweisen hat, ihr gegenseitiger Einfluss auf einander, ihr Alter, die Ursachen ihrer Herausbildung sind nicht minder unerledigte Fragen, deren Nichtbeantwortung noch Mischdialecte mit doppeltem Conjugationssystem und zwiespältiger Behandlung derselben Grundlaute bei gleichen Bedingungen und in derselben Sprache möglich erscheinen lässt und der an alten Sprachdenkmalen zu übenden Kritik hinderlich in den Weg tritt. Fast unangebaut ist das Feld der historischen Syntax, auf dem man erst nach manchen im Interesse der Kenntnissnahme der Wortfügung einzelner Schriftwerke und Epochen angestellten Nachforschungen dazu gelangen wird, den Grad logischer Schärfe und Unterscheidungskraft, den die einzelnen romanischen Nationen in Bezeichnung der Beziehungen von Wort zu Wort, von Satz zu Satz offenbaren, und die verschiedene Kunst, mit der sie sich aus dem Zustand eines fast paratactisch gewordenen Satzgefüges zur Anzeige vielartiger Gedankensubsumtion hindurchgearbeitet haben, abzuschätzen. Der endlich geschwundene Glaube, dass man einen mittelalterlichen Schriftsteller hinreichend verstehe, wenn man mit Hilfe der Etymologie und modernen Wortsinnes in seine Gedanken zum Theil eingedrungen ist, hat dem Bedürfniss nach einer auf methodischer Exegese gegründeten Lexicographie Platz gemacht, der auch mancherlei antiquarische Belehrungen zu danken sein werden, und die nicht wenige Einzeluntersuchungen nöthig machen wird. Auch damit muss begonnen werden den volksmässigen Wortschatz der romanischen Sprachen herauszustellen, in begriffliche Ordnung zu bringen und für die Culturgeschichte der betreffenden Völker in vorliterarischer Zeit zu verwerthen um den Fortbestand von Kunstübungen, den Verlust moralischer Begriffe und dergleichen oder auch die Verschiedenheit der Begabung der Romanen für Auffassung und Bezeichnung der Gegenstände innerer und äusserer Wahrnehmung aus Reichthum und Armuth an Benennungen innerhalb bestimmter Begriffssphären zu deduciren. Die Onomatologie, die noch kaum eine Specialstudie aufzuweisen hat, der Völkergeschichte dienstbar zu machen, ist nicht minder eine Forderung der Zeit. Und blickt man auf die Werke romanischer Literaturen selbst und auf ihre künstlerische Seite, — wie mannichfache Erwägungen machen noch ihre Ueberlieferung, ihre Composition, ihre Beziehungen zu anderen Literaturen nöthig, wer vermisst nicht noch ein volles Verständniss mittelalterlicher romanischer Lyrik, wer erklärt sich den Eindruck, den einzelne Troubadourlieder, einzelne Dichter in ihrer Zeit gemacht, den nachhaltigen Einfluss provenzalischen Minnegesangs auf die Entfesselung und Aeusserungsweise des lyrischen Empfindens romanischer und germanischer Nationen und auf die Ausbildung der Neigung zu Reflexion und innerer Beschauung? Dürfen länger noch die gar nicht spärlichen Melodien zu lyrischen Dichtungen des Mittelalters unbeachtet gelassen werden, die doch mehr als eine entbehrliche Beigabe zu den Texten bedeuten, und fällt bei Abschätzung eines Autors nicht auch die Diction ins Gewicht, bedarf es nicht noch einer Feststellung des Unterschiedes zwischen prosaischem und poetischem Ausdrucke, sind nicht auch die Tropen und Figuren, über die die Kunst- und Volksdichtung und der einzelne Autor vor der Renaissance verfügten, genauer ins Auge zu fassen, bevor von einem typischen Stil des Mittelalters die Rede sein kann? Ist nicht endlich der Romanist schon in der Lage eine Fülle cultur- und kunstgeschichtlichen Details, das in den Literaturwerken, mit denen er sich zu beschäftigen hat, aufgehäuft liegt, ans Licht zu ziehen und über Gebräuche, Sitten und Anschauungen, Gewerbe und Kunstübungen und dergleichen der mittelalterlichen Romanen an der Hand sicher datirbarer Werke zu belehren?

Es wäre leicht eine Menge anderer Gegenstände aus den verschiedensten Disciplinen der romanischen Philologie herauszuheben, deren Behandlung von einer ihr gewidmeten Zeitschrift heute neben anderen gefordert wird. Die gegenwärtige wird auch in dieser Beziehung ihre

Aufgabe zu erfüllen und auch nach diesen Seiten die von ihr vertretene Wissenschaft zu fördern suchen. Sie wird aber gewiss auch ausserhalb des Kreises der Fachgenossen willkommen geheissen werden. Da romanische Sprachstudien sich in mehr als einem Punkte mit lateinischer Sprachkunde berühren und zur Bestimmung der Beschaffenheit lateinischer Laute, zur Auffindung verschollenen Sprachgutes, ja zur Aufklärung dunkler Punkte in allen Theilen der lateinischen Grammatik, hülfreiche Hand zu bieten im Stande sind, da sie auch dem Linguisten auf entlegenerem Arbeitsfelde bei der Fülle dialectischer Nüancirung im romanischen Sprachbezirke die Belege für eine grosse Reihe von Lautübergängen, die er oft nur voraussetzen kann, darzubieten vermögen, da auf germanische Sprachen und Literaturen die west- und südromanischen Jahrhunderte lang den nachhaltigsten Einfluss übten, und Beiträge von Romanisten zur Lösung der zahlreichen gemeinsamen Fragen, die Germanisten und Romanisten beschäftigen, bei den Ersteren stets gebührende Beachtung finden, so ist zu hoffen, dass die neue romanische Zeitschrift sich auch in diesem weiteren Kreise Freunde und Anerkennung verschaffen werde. Und wird bei der Vielfältigkeit der zu behandelnden Materien die Zeitschrift auch nicht wohl in der Lage sein für eine directe Förderung der Interessen der romanischen Sprachen lehrenden Schulen einzutreten, so wird sie doch den Lehrer derselben über den Stand seiner Fachwissenschaft jederzeit vollständig unterrichten, seinen Bestrebungen von der Forschung dargebotne Resultate für den Unterricht zu verwerthen auf mancherlei Weise Vorschub leisten, und so auch für ihn ohne Zweifel von Werth sein. Den internationalen Character der romanischen Studien auch äusserlich zum Ausdruck zu bringen, und deutsche Forschung im Ausland, ausländische in Deutschland zu vermitteln, wird die Zeitschrift sowohl in deutscher als in den bekanntesten romanischen Schriftsprachen abgefasste Beiträge darbieten

Die Zeitschrift für romanische Philologie erscheint vom Jahre 1877 ab jährlich in 4 Heften zu 8 Bogen gr. 8°, die regelmässig am Schlusse jedes Vierteljahres zur Ausgabe gelangen und deren letztes in einem bibliographischen Anhange eine vollständige Uebersicht über die romanischen Arbeiten des Vorjahres gewähren wird. Der Preis des Jahrgangs beträgt 15 R.-Mark. Das erste Heft wird am 31. März 1877 ausgegeben.

Die ersten Hefte werden Beiträge enthalten von: K. Bartsch in Heidelberg, T. Braga in Lissabon, L. Braunfels in Frankfurt a/M.,

H. Buchholtz in Berlin, N. Caix in Florenz, U. A. Canello in Padua,
A. Ebert in Leipzig, W. Foerster in Bonn, Graf in Turin, G.
Gröber in Breslau, O. Knauer in Leipzig, R. Köhler in Weimar,
A. Lemke in Giessen, F. Liebrecht in Lüttich, F. Mahn in Berlin,
E. Mall in Würzburg, J. C. Matthes in Gröningen, C. Michaelis de
Vasconcellos in Porto, E. Monaci in Rom, A. Morel-Fatio in
Paris, F. Neumann in Heidelberg, P. Rayna in Mailand, C. Sachs
in Brandenburg, A. Scheler in Brüssel, F. Scholle in Berlin,
H. Schuchardt in Graz, E. Stengel in Marburg, W. Storck in
Münster, H. Suchier in Halle, A. Tobler in Berlin, W. Victor in
Düsseldorf, K. Vollmöller in Strassburg.

In Vorbereitung:

Christians von Troyes
Sämmtliche erhaltene Werke.

Nach allen bekannten Handschriften mit Anmerkungen,
kritischem Apparat und Glossar

herausgegeben

von

Wendelin Foerster.

Die Ausgabe wird sechs Bände umfassen, denen ein siebenter, das Glossar zu sämmtlichen Werken Christians, folgen wird.

Band 1. **Chevalier au Lyon.**
„ 2. **Cliges** (Editio princeps).
„ 3. **Erec et Enide.**
„ 4. **Chevalier de la Charrette** mit dem Schlusse Gottfrieds von **Leigni.**
„ 5. **Guillaume d'Angleterre** und **Chansons.**
„ 6. **Percival.**

Dem kritischen Text sind sprachliche, sachliche und kritische Anmerkungen beigegeben, denen sich der kritische Apparat (sämmtliche Varianten mit Ausschliessung der bloss orthographischen enthaltend) anreiht.

Beiträge zur geschichte

der

deutschen sprache und literatur

herausgegeben

von

H. Paul und W. Braune.

Band I—III. S. 1871 76. 39 *Mark*.

Inhalt.

Bd. I. W. Braune, Zur kenntnis des fränkischen und zur hochdeutschen lautverschiebung. — R. Wülcker, Uebersicht der neuangelsächsischen sprachdenkmäler. — W. Creizenach, Legenden und sagen von Pilatus. — F. Vogt, Ueber die letanie. — H. Paul, Kritische bemerkungen zu mittelhochdeutschen gedichten. — R. Wülcker, Ueber die neuangelsächsischen sprüche des königs Aelfred. — F. Vogt, Ueber die Margaretenlegenden. — H. Paul, Ueber das gegenseitige verhältnis der handschriften von Hartmanns Iwein. — F. Seiler, Die althochdeutsche übersetzung der Benediktinerregel. — E. Sievers, Kleine beiträge zur deutschen grammatik. I. Zur altangelsächsichen declination. II. Die reduplicierten praeterita. — W. Braune, Ueber den grammatischen wechsel in der deutschen verbalflexion. — W. Braune, Die altslovenischen Freisinger denkmäler in ihrem verhältnisse zur althochdeutschen orthographie. — H. Paul, Zum leben Hartmanns von Aue. **12 *Mark*.**

Bd. II. W. Schaumberg, Untersuchungen über das deutsche spruchgedicht Salomo und Morolf. — H. Paul, Zum Parcival. — E. Sievers, Kleine beiträge zur deutschen grammatik. III. Die starke adjectivdeclination. — W. Braune, Ueber die quantität der althochdeutschen endsilben. — F. Seiler, Nachtrag zur Benediktinerregel. — H. Paul, Zu Hartmanns liedern. — W. Creizenach, Judas Ischarioth in legende und sage des mittelalters. — F. Vogt, Ueber Genesis und Exodus. — H. Paul, Zu Wolframs Willehalm. — H. Paul, Der ablativ im germanischen. — R. Lehfeld, Ueber Friedrich von Hansen. — H. Paul, Kritische beiträge zu den minnesingern. [1. Der Kürenberger. 2. Meinloh von Sevelingen. 3. Der burggraf von Rietenburg. 4. Heinrich von Veldeke. 5. Friedrich von Hansen. 6. Spervogel. 7. Rudolph von Fenis. 8. Die liederbücher. 9. Reinmar und Heinrich von Rugge. 10. Heinrich von Morungen. 11. Walther von der Vogelweide. 12. Neidhard.] — J. F. Kräuter, Die prosodie der neuhochdeutschen mitlauter. — Fr. Zarncke, Kleinigkeiten. 1. Zu Walthers elegie. 2. Zu den gedichten von herzog Ernst. — F. Vogt, Nachtrag. 13 *Mark*.

Bd. III. H. Osthoff, Zur frage des ursprungs der germanischen N-declination. — B. Hidber, Eine neue handschrift von Hartmanns Gregorius. — H. Paul, Zur kritik des Gregorius. — J. Schmidt, Untersuchungen zu den beiden literarhistorischen stellen Rudolfs von Ems. — H. Paul, Zur Iweinkritik. — H. Paul, Zum Erek. — B. Symons, Untersuchungen über die sogenannte Völsunga saga. — Fr. Zarncke, Zur geschichte der Gralsage. — H. Osthoff, Die suffixform -sla-, vornehmlich im germanischen. — R. Wülcker, Ueber den hymnus Caedmons. — B. Hidber und H. Paul, Geistliche stücke aus der Berner Gregoriushandschrift. — H. Paul, Zur Nibelungenfrage. — T. Hayner, Das St. Trudperter (Hohenburger) hohe lied. — R. Wülcker, Ueber die quellen Laȝamons. 11 *Mark*.

ACHMANNS BETONUNGSGESETZE

UND

OTFRIDS VERS.

VON

Dr. MORITZ TRAUTMANN,
DOCENT AN DER UNIVERSITÄT LEIPZIG.

HALLE a/S.
MAX NIEMEYER.
1877.

1.
Lachmanns Betonungsgesetze.

Lachmann hat in seiner abhandlung 'Über althochdeutsche Betonung und Verskunst' folgende betonungsgesetze aufgestellt:

'Wenn in drei- und mehrsilbigen wörtern des Alt- und Mittelhochdeutschen die erste, d. h. die betonteste silbe lang ist, so hat die zweite den nächsthohen accent;

ist dagegen die erste kurz, so hat (wie im Neuhochdeutschen durchaus) die dritte den nebenton.'

Zur entdeckung dieser gesetze ist Lachmann, wie er selber angibt, durch beobachtung der mittelhochdeutschen reime gekommen; reime wie *billiche : geliche* haben ihm das erste, das wir gesetz A nennen wollen, erschlossen, und auf das zweite, das wir gesetz B nennen wollen, haben ihn reime wie *Hagene : gademe* geführt.

Auf den ersten blick haben gesetz A und gesetz B etwas sehr annehmbares; denn nicht nur durch viele reime, sondern oft auch durch das innere der alt- und mittelhochdeutschen verse scheinen sie bestätigt zu werden. Wer indessen genauer hinsieht, der gewinnt sehr bald die überzeugung, dass jene betonungsgesetze in den frühern perioden unserer sprache so wenig bestanden haben können, wie sie in der gegenwärtigen bestehn.[1])

2.
Gesetz A öfter gebrochen als beobachtet.

Den ersten beweis gegen Lachmann liefert die tatsache, dass gesetz A von alt- und mittelhochdeutschen dichtern so oft ausser acht gelassen wird, dass von einem gesetze füglich nicht mehr die rede sein kann.

Ehe wir dies des nähern dartun, müssen wir uns klar darüber werden, in welchen fällen drei- und mehrsilbige wörter in übereinstimmung mit Lachmanns erstem gesetze betont werden müssen, und in welchen fällen dies nicht geschehn darf.

In den versen

    2, 14, 30 *unazar fliazzantaz*,
    2, 14, 73 *thero drúhtines uuórto*,
    2, 14, 26 *springentan brúmmon*

hat die zweite silbe von *fliazzantaz*, *druhtines* und *springentan* allerdings einen zweiten accent. Denn wollte man die zweite silbe von *fliazzantaz* nicht betonen, so würde man einen vers von nur drei hebungen erhalten; Otfrids vers hat aber vier hebungen, wie bekannt. Oder betonte man *drúhtinés* und *springentán*, so hätte eine formsilbe vor einer stammsilbe eine hebung nebst senkung zu füllen; das ist aber ganz gegen den gebrauch Otfrids. Wir werden also mit gesetz A überall da im einklange sein, wo die

---

[1]) R. Hügel, 'Über die Betonung der Wörter von drei und mehr Silben bei Otfrid', Leipzig 1869, leugnet auf s. 4 die giltigkeit der lachmannschen gesetze für die zusammengesetzten; er erkennt dieselbe jedoch an für die nichtzusammengesetzten wörter.

nichtbetonung der zweiten entweder zu versen mit nur drei hebungen führen würde, oder wo sie bewirken würde, dass eine formsilbe unmittelbar vor einer stammsilbe sowol hebung wie senkung zu vertreten hätte.

Aber gegen gesetz A muss betont werden in versen wie
2, 12, 49 *tho frágeta ther guato mán*,
2, 14, 82 *sih uuúntorotun harto*,
2, 14, 84 *thaz thaz éuuiniga lib*,
2, 14, 110 *in ánderero árabeiti*,
2, 14, 103 *thaz mánodo sin noh fiari*.

Für die beiden letzten beispiele wird dies wol jeder ohne weiteres zugestehn; denn wenn wir in *anderero* ausser der ersten noch die zweite betonten, so würden wir einen vers von fünf hebungen erhalten, und wenn wir *mánódo* läsen, so würde entweder abermals ein vers von fünf hebungen herauskommen, oder wir würden eine dreisilbige senkung erhalten, in welcher die wörter *sin* und *noh* gewichtiger wären als die für sich allein nichts bedeutende hebung *no*. In den drei ersten beispielen jedoch könnte jemand das betonungsgesetz retten wollen; aber wir haben guten grund zu glauben, dass Otfrid nicht betonte *frágeta uuúntórotun éuuiniga*, sondern *frágetá uuúntorótun éuuinlgu*. Denn wenn er auch häufig genug eine zweisilbige senkung setzt und noch häufiger die senkung fehlen lässt, so ist doch auf der andern seite sein bestreben, hebung und einsilbige senkung möglichst regelmässig mit einander abwechseln zu lassen, ganz unverkennbar.

Um solchen wechsel herzustellen, wählt Otfrid anstatt der zunächst liegenden wortstellung eine künstlichere; das tut er z. b. in dem verse
2, 9, 97 *sie scríbent fáter ioh then sún*.

In der gleichen absicht flickt er so ausserordentlich oft wörtchen wie *tho so ouh hiar sar* etc. ein, ohne dass dadurch dem sinne im mindesten gedient wird. Zahlreiche nachbesserungen der wiener handschrift, die, wie Kelle will, von Otfrids eigener hand herrühren, haben den offenbaren zweck dem rhythmus nachzuhelfen, so 1, 18, 10 die änderung von *engilo* in *engilichaz*, 4, 4, 62 die einschiebung von *hiar* und 3, 21, 10 die vorsetzung von *bi* vor *scouuon*. Doch bei diesen unschuldigen mitteln lässt es Otfrid nicht bewenden; dem regelmässigen wechsel von hebung und einsilbiger senkung zu liebe betont er nicht nur gegen die logik, sondern verletzt er auch den wortaccent. Das erste tut er in versen wie

2, 4, 75 *thó sprah krist zi imo sár*
und 3, 20, 118 *nam mih fon ummahtin,*

wo die leichtern wörter *tho* und *mih* in der hebung, und die schwerern *sprah* und *nam* in der senkung stehn; den wortaccent aber verletzt er z. b. in

4, 29, 21 *unuuirdig filu hárto*
und 4, 24, 15 *hlna hina nim inan.*

Aus dem gesagten folgt nun dass Otfrid, der sich die herstellung des jambischen rhythmus so angelegen sein lässt, dass er oft die betonung des verses über die betonung des sinnes und des wortes stellt, lesen musste

tho frágetá ther gúato mán,
sih uuúntoróun hártó,
tház thaz éuuíníga lib,

nicht aber *frágeta, uuúntorotun, éuuiniga*. Überhaupt werden wir als regel aufstellen dürfen: Wo nach einer langen stammsilbe drei an und für sich nichts bedeutende silben oder sehr schwach betonte einsilbige wörtchen stehn, da ist mit jambischem rhythmus zu lesen, d. h. nicht die erste, sondern die zweite der leichten silben ist zu betonen.

Nachdem wir so die grundsätze festgestellt haben, nach denen zu entscheiden sein wird, ob ein drei- oder mehrsilbiges wort, das die erste lang hat, mit oder gegen Lachmann zu betonen ist, können wir ein stück aus dem Otfrid auf das berühmte gesetz A untersuchen und den fällen, die ihm zuzustimmen scheinen, diejenigen gegenüberstellen, die ihm widersprechen. Wählen wir, da im ersten buche Otfrids kunst bekanntermassen noch ziemlich unfertig ist, den anfang des zweiten.

In den drei ersten kapiteln des zweiten buches scheint gesetz A in folgenden fällen beobachtet[1]):

kap. 1.

8ᵇ *in theru drúhtînes brústi,*
9ᵃ *iz uuás mit drúhtîne sár,*
26ᵇ *thiu zuéi zi búenne,*
34ᵇ *thuruh sînan énêgan sún,*
43ᵇ *ioh fílu líbhaftáz,*
17ᵇ *thie súntigon rínit.*

kap. 2.

4ᵃ *ioh sinéro uuórtó,*
5ᵃ *zi thémo ouh thie éuuartón,*
23ᵃ *thie sine lántsidilôn,*

---

[1]) In den hier zusammengestellten versen bezeichnet der gravis, wenn vier accente stehn, die silbe, welche Lachmanns erstem gesetze gemäss betont ist; in den versen mit fünf accenten bezeichnet er die silbe, die nach demselben gesetze betont sein müsste.

33ᵇ *ioh sina guallichi,*
35ᵇ *so in kinde zéizemo scál,*
36ᵇ *drütlicho minnót.*

kap. 3.

3ᵇ *urkundon mánagé,*
14ᵃ *uuio éngilo ménigi,*
22ᵇ *bi thiu uuás er séltsáni,*
26ᵇ *ther gótes éinigo sún,*
30ᵃ *uuislichon uuórtón,*
30ᵇ *mit then éuuártón,*
41ᵇ *úns giuuissára thing,*
49ᵇ *theiz sún sin éinógo uuás,*
51ᵃ *ther sélbo héilógo géist,*
55ᵇ *zi thémo féhtanné,*
59ᵃ *er fúar in éinóti,*
64ᵇ *fon thémo fiánté.*

Dagegen ist gesetz A in den nämlichen drei kapiteln in folgenden fällen gebrochen:

kap. 1.

1ᵇ *ioh éngiló giscéftin,*
6ᵇ *thaz uuás thanne úngiscáfán,*
7ᵃ *er álléru ánagifti,*
7ᵇ *theru drúhtinés giscéfti,*
17ᵇ *sus émmizigen uuirbi,*
26ᵃ *éngilón ioh mánné,*
30ᵃ *thar ménnisgón gistátti,*
42ᵇ *in themo éuuinigen múaté,*
45ᵇ *súntigéro mánnó,*
47ᵃ *in finstérémo iz scínit.*

kap. 2.

6ᵃ *iz úngidán ni biléip,*
8ᵇ *thiu sálida úntar in uuás,*
9ᵇ *thaz mánnilih gilóubti,*
10ᵃ *thaz lagilih intstúanti,*
14ᵃ *ioh ménnisgón ouh állé,*
21ᵇ *ioh uuisótá tho er uuóltá,*
22ᵇ *thaz lág al úmbithérbi,*
26ᵃ *odo inan éreti úbarál,*
28ᵃ *giéreta er se in thén sind,*
29ᵇ *noh fon fléislichémo múaté,*
36ᵃ *then fátar éinigán in nót,*
38ᵇ *ioh drúhtines gimúatés.*

kap. 3.

6ᵇ *theiz únfarhólan uuári,*
11ᵇ *zi theru drúhtines gibúrti,*
17ᵇ *thaz kindilin sie sáhun.*
19ᵇ *iz zéigota in ther stérró.*
21ᵇ *thaz ándere úns ni zéinónt,*
27ᵇ *uuio mán thiu kindilin irsluog.*
39ᵇ *ioh sálidá giméini,*
44ᵇ *ther búachari iz firliuzi,*
63ᵃ *bi thiu ílemes io gigáhón,*
63ᵇ *zi then drúhtines ginádón,*
66ᵃ *ioh iagilih biuuénki.*

Hiernach wäre gesetz A im ersten kapitel 6 mal, im zweiten ebenfalls 6 mal, im dritten 12 mal, d. i. in allen drei kapiteln zusammen 24 mal befolgt; gebrochen wäre es im ersten kapitel 10 mal, im zweiten 12 mal und im dritten 11 mal, also zusammen 33 mal. Vierundzwanzig mal beobachtet und dreiunddreissig mal gebrochen! Das ist denn doch etwas mehr, als selbst das stärkste gesetz vertragen kann!

Sollte der einwand erhoben werden, dass ein ergebnis, welches sich auf nicht mehr als drei kapitel aus dem Evangelienbuche gründet, nicht im stande sei gesetz A anzufechten, so wäre zu antworten: Wie zu diesen drei kapiteln, so verhält sich gesetz A zum ganzen Otfrid, es wird in allen teilen des Krist ungefähr gleich oft gebrochen; ja es ist wahrscheinlich, dass eine gegenüberstellung sämtlicher fälle, in denen gesetz A bestätigt und in denen es umgestossen wird, ein noch ungünstigeres zahlenverhältnis liefern würde.

Und nicht besser stehn die dinge im Mittelhochdeutschen. In allen poetischen denkmälern von Frau Ava bis auf Konrad von Würzburg wird gesetz A so oft gebrochen, dass es unmöglich ist zu glauben, dasselbe habe je giltigkeit gehabt. So finde ich es in den ersten 30 strofen der Nibelunge (Lachmanns ausgabe!) 18 mal umgestossen[1]) und nur 12 mal beobachtet[2]), in den ersten 200 versen des Gregorius (ausgabe von Paul) 16 mal gebrochen[3]) und 13 mal befolgt[4]), und in den ersten 200 versen Walthers von der Vogelweide (ausgabe von Wilmanns) 17 mal gebrochen[5]) und beobachtet gar nicht! Wer lust dazu hat, kann weitere absuchungen anstellen; aber welchen band er auch greife, und welche

---

[1]) 1, 3a. 3, 1a. 4, 2a. 4, 3a. 5, 2a. 6, 2b. 6, 4a. 8, 4b. 9, 3b. 10, 1a. 12, 2a. 12, 2b. 16, 2a. 17, 4b. 22, 2b. 28, 2a. 29, 2b. 29, 3b.

[2]) 3, 4a. 3, 1b. 5, 1b. 6, 3a. 9, 3a. 11, 2a. 13, 1a. 23, 2b. 23, 1b. 24, 1b. 27, 1b. 30, 1a.

[3]) 9. 14. 31. 31. 40. 43. 48. 59. 72. 92. 104. 122. 123. 147. 163. 167.

[4]) 5. 6. 7. 22. 37. 76. 79. 150. 173. 175. 185. 187. 199.

[5]) I, 4. 17. 21. II, 30. III, 7. 9. 23. 28. 31. IV, 1, 7, 11, 22, 25. V, 2. VI, 1, 6.

seite er aufschlage, er wird immer zu zahlenverhältnissen gelangen, die für gesetz A gleich oder doch nicht viel weniger verhängnisvoll sind als die oben angeführten.

3.
Die Nebentöne nach langer erster Silbe nicht Wort- sondern Versaccente.

Wir haben im vorgehenden abschnitte keinen unterschied gemacht zwischen zusammengesetzten und nichtzusammengesetzten wörtern. Ganz mit recht; denn Lachmann sagt ausdrücklich, dass seine gesetze für beide klassen gelten. Gleichwol ist ein unterschied vorhanden, der gar sichtbarlich in die augen springt: **Nichtzusammengesetzte wie** *salida druhtines* **und** *thanana uuorahta* **finden wir bald mit bald ohne nebenton auf der betreffenden silbe**; man vergleiche z. b. 1, 3, 33 *ouh sálida suohhe* mit Sal. 1 *si sálidà grimúati*; 2, 4 52 *zi thèwo drúhtines hús* mit 2, 2, 38 *ioh drúhtinès gimúatès*; 2, 7, 47 *mag iamiht quéman thánanà* mit 2, 11, 11 *ioh uuárf se álle thánana úz*; 2, 9, 56 *tho er súlih uuèrk uuórahtà* mit 2, 1, 15 *mit imo uuóraht er iz thàr*. Dagegen zusammengesetzte kommen, von ganz geringfügigen ausnahmen abgesehen, nur **mit nebenton** vor, und zwar ist bei jedem einzelnen worte der nebenton stets der nämliche; es heisst immer *éuuàrto úngidàn éregrèhti* und nicht *éuuartò úngidan éregrehti*, sowie es immer *ánagifti uuóroltthing himilrìchi* und nicht anders heisst. Es bedarf keines besonderen scharfsinnes, um zu erkennen, dass das Althochdeutsche in vollster übereinstimmung ist mit dem allgemeingermanischen gesetze: 'In zusammengesetzten wörtern liegt der hauptton auf der stammsilbe des ersten, der nebenton auf der stammsilbe des zweiten bestandteiles', und dass es nichts als zufall ist, wenn sich eine anzahl zusammengesetzte wörter den lachmannschen gesetzen zu fügen scheinen. Wir können im folgenden von den zusammengesetzten ganz absehn.

Wie aber steht es mit den nichtzusammengesetzten? Befolgen diese wenigstens die lachmannschen gesetze?

Beschränken wir uns zunächst wieder auf gesetz A, so lautet die antwort: Die nebentöne, die wir in alt- und mittelhochdeutschen dichtern immerhin häufig auf der zweiten silbe von wörtern finden, deren erste lang ist, sind nicht worttöne, wie Lachman will, sondern versaccente; sie haben lediglich in einer freiheit des altdeutschen versbaus ihren grund, in der freiheit, dass eine lange und betonte silbe für hebung und folgende senkung stehn darf. In den versen

   2, 3, 14 *uuio énglto ménigi,*

   2, 3, 51 *ther sélbo héilógo géist,*

   2, 3, 55 *zi thémo féhtánne*

steht die erste silbe von *engilo heilogo fehtanne* für hebung und senkung. Die notwendige folge ist, dass die zweite der drei wörter in die hebung tritt; denn hebung und senkung wechseln ab, die senkung ist ja aber schon in *eng heil feht* mitenthalten. Der zweite accent in *engilo heilogo fehtanne* ist mithin kein wortaccent, sondern ein versiktus. Wer hier irgend welche zweifel hätte, den müste die art und weise überführen, wie Otfrid so ungemein häufig mit den zweisilbigen mit langer erster verfährt. In den versen

   2, 3, 57 *in kristé girédinót.*

   2, 2, 6 *soso ih hiar fórná giscréip,*

   2, 2, 4 *sie ráfsta thár so hártó*

haben die wörter *kriste forna harto* einen accent auch auf der zweiten. Ist dies etwa der fall auf grund eines betonungsgesetzes C 'Zweisilbige mit langer erster haben einen nebenton auf der zweiten'? Lachmann hat dies nicht behauptet, und auch heutiges tages würde es wol niemand zu behaupten wagen; die unhaltbarkeit eines solchen gesetzes wäre doch gar zu handgreiflich. Der zweite accent in *kriste forna harto* lässt sich nur als ein metrischer erklären. Können aber zweisilbige einen versiktus auf die zweite erhalten, dann werden es wol auch dreisilbige können.

Doch wir brauchen uns nicht mit einem indirekten beweise zu begnügen; wir sind in der glücklichen lage, direkt nachweisen zu können, dass die nebentöne der zwei- und dreisilbigen mit langer erster nicht wort-, sondern versaccente sind. Der endreimende vers des Althochdeutschen ist zwar die nachbildung des lateinischen hymnenverses, aber er ist deutsch geblieben in der behandlung der senkungen und hat die freiheit, eine lange und betonte silbe für hebung und folgende senkung setzen zu dürfen, von dem einheimischen stabverse übernommen. Drei fälle sind zu unterscheiden, in welchen der altgermanische vers die senkung auslässt; sie bleibt weg

1) zwischen zwei wörtern, wie z. b. in

Musp. 9 *dar iru léid uuirdit,*

2) zwischen dem ersten und zweiten bestandteile eines zusammengesetzten wortes, wie z. b. in

Musp. 42 *mili den réhtkérnon,*

3) nach der stammsilbe eines nicht zusammengesetzten wortes, wie z. b. in

Hel. 2058 *that wirsista,*

Ags. Genes. 1963 *of Sénnár.*

Die nämlichen drei fälle aber finden wir in Otfrids versen,

so dass es nicht zweifelhaft sein kann, dass der endreimende vers in bezug auf die auslassung der senkungen der altgermanischen weise folgt. Beim lesen der stabreimenden dichtungen tritt nun aber die bemerkenswerte tatsache hervor, dass die beispiele des ersten und zweiten falles nach tausenden zählen, während sich vom dritten vielleicht keine sechzig zusammenbringen lassen. Eine so geringe anzahl von beispielen gegenüber so vielen in einer versform, deren rhythmus ausschliesslich auf dem wortaccent beruht! Das kann doch nur heissen: Der dritte fall ist nur ausnahme; wörter wie *wirsista* haben keinen nebenaccent auf der zweiten silbe sondern werden nach der analogie von *rehtkernon* und ähnlichen vermöge einer dichterischen freiheit betont; der zweite accent in *wirsista Sennar* etc. ist ein metrischer. Hätten wörter wie *wirsista* wirklich einen nebenton auf der zweiten gehabt wie *rethkernon uuicsteti altfiant*, so würden die beispiele des dritten falles ebenso nach tausenden zählen wie die des zweiten. — An unserm ergebnis darf uns die tatsache nicht irre machen, dass die beispiele des dritten falles, während sie in der stabdichtung so selten sind, bei Otfrid sehr häufig vorkommen. Die endreimende dichtung fand die freiheit, die senkung auszulassen, von der stabreimenden vorgebildet und benutzte sie, und darauf allein kommt es hier an; dass sie von dem einen falle der auslassung reichlicheren gebrauch macht, liegt an den anderartigen bedürfnissen ihres verses.

Aber wie kommt es, dass nur eine lange silbe für hebung und folgende senkung stehn kann? Die antwort auf diese frage ist: Im Althochdeutschen ist nur eine lange silbe — und zwar eine durch position lange so gut wie eine von natur lange — über ihr ge-

wönliches mass hinaus dehnbar, so dass sie die
zeit, welche die folgende senkung in anspruch
nehmen würde, mit auszufüllen im stande ist. In
wisota und *lêra* können *i* und *ê* so lange gehalten werden,
dass sie die zeit einer hebung nebst senkung einnehmen,
und daher kommt es eben, dass die betonung *wisóta* und
lêra möglich ist; in *trahtota suntono rafsta stimma bratta
nuillon* etc. kann die hervorbringung der mehrfachen conso-
nanz so verlangsamt werden, dass hebung und folgende
senkung gefüllt und die betonungen *trahtòta sùntòno ràfsta*
u. s. w. möglich werden. Dagegen in *hina sitotun himile*
bieten die einfachen consonanten *n t m* kein hemmnis; die
aussprache eilt von der ersten silbe sogleich auf die folgende,
und dies ist der grund, dass die betonung *hina sitótun
himíle* nicht oder doch nur ausnahmsweise vorkommt. Das
Althochdeutsche ist hierin feiner als das Neuhochdeutsche.
Wir sprechen in gewöhnlicher rede *hatte* wie *häte* und
kummer wie *kümer;* doch in versen dehnen wir solche
einfache consonanten:

Ich hat-te kum-mer al-lerlei.

Dagegen das Althochdeutsche schied auch in der gewöhn-
lichen rede genau einfache und gedehnte consonanten, hielt
auseinander *mano* und *manno, miti* und *mitti* etc. Weil aber
das Althochdeutsche einen scharfen unterschied machte
zwischen gedehnten und einfachen consonanten, so wider-
stand es ihm consonanten, die es in prosa als einfache
sprach, in versen zu dehnen; und weil es einfache consonanten nicht dehnte, konnte es nicht betonen *hina sitótun
himíle*.

Doch vergessen wir eins nicht; Lachmanns erstes betonungsgesetz wird zwar im innern des verses jeden augenblick gebrochen, nie aber, oder doch fast nie, am schlusse,

und es könnte jemand behaupten, dass diese tatsache, da ja das versende stets von den dichtern mit besonderer sorgfalt gebaut werde, entschieden zu Lachmanns gunsten spreche.

Otfrid hatte die wahl zwischen zwei betonungen; er konnte sagen *ilonto* und *ilontò*, *stéinoti* und *steinòti*, *drúhtines* und *druhtínes* etc., und eines war so gut wie das andere. Wenn nun aber beide betonungen gleich zulässig waren, wie kommt es, dass sich nicht bald diese bald jene, sondern allein die letztere, am schlusse des verses findet? — Hier liegt der haken. Wenn wir nicht im stande sind, auf diese frage eine befriedigende antwort zu geben, dann behält Lachmann am ende doch recht.

Doch wir wollen in dem verteidiger der lachmannschen betonungsgesetze nicht erwartungen rege machen, die hinterher doch getäuscht werden würden. Wenn Otfrid am schlusse des verses betont *ilontò siéinòti druhtínes*, so ist wiederum kein betonungsgesetz, sondern lediglich ein metrischer grund im spiele: Otfrid muste den betreffenden wörtern drei accente geben, um nicht verse mit überklappender senkung zu erhalten.

Im ganzen Krist finden sich nur drei überklapper:

    2, 9, 31 *drúhtin kós imo éinan uuini*

    2, 12, 31ᵃ *níst thér in himilríchi quéme*

    2, 12, 31ᵇ *ther géist ioh uuázar nán nirbére.*[1]

Dagegen findet sich nicht ein einziger vers nach folgenden drei mustern:

    1) *thaz Pétrus súntilóser mán si.*

    2) *tho frágetá ther gúato hírti,*

---

[1] Von diesen sind die beiden ersten noch dazu zweifelhaft. Es könnte sehr wol sein, dass Otfrid betonte *druhtin kós imo éinan uuini* und *nist ther in himilrichi quéme* trotz der kürze der ersten silbe von *uuini* und *queme*. Vgl. unten abschnitt 6.

3) *ioh fliazzántes nuázzáres.*

Die abwesenheit solcher versausgänge, die sich doch in hülle und fülle darbieten musten, ist nur daraus zu erklären, dass Otfrid dieselben sorgfältig vermied; er hätte sich auch wirklich kaum schwerer gegen sein vorbild, den dimeter iambicus acatalecticus, vergehn können als durch zulassung von versausgängen mit überklappender senkung. Aber was wäre geschehn, wenn Otfrid *ilónto stéinoli drúhtínes* etc. nicht zur ein für alle mal feststehenden betonung des versausganges gemacht hätte? Seine leser, durch viele hunderte von beispielen gewöhnt eine lange stammsilbe für hebung und senkung zu setzen, würden frischweg *ilónto* anstatt *ilontó*, *stéinoli* anstatt *steinoli*, *drúhtines* anstatt *drúhtinès* gesprochen, also den vers mit überklappender senkung geschlossen haben. Dem zu begegnen stand, wenn die dreisilbigen mit langer erster nicht vom versende überhaupt ausgeschlossen werden sollten, nur ein einziges mittel zur verfügung — ihnen drei accente zu geben [1]).

4.
Gesetz B.

Untersuchen wir jetzt ein stück aus dem Otfrid auf Lachmanns zweites gesetz. Das einfachste wird sein, wir wählen wieder die drei ersten kapitel des zweiten buches.

---

[1]) Verse wie 4, 5, 25 *untar in sih minnotin*,
   3, 20, 35 *giang uueges gréifonti*,
   3, 20, 115 *sin íamer mórnenti*
konnten ohne feststehende betonung der dreisilbigen am schlusse des verses auf drei verschiedene weisen gelesen werden: 1) *úntar in sih minnotin, giang uueges greifonti, sin iamer mornenti*, 2) *úntar in sih minnótin, giang uuéges greifónti, sin íamer mornénti*, 3) *úntar in sih minnótin, giang uuéges greifónti, sin íamer mornénti*. Schon um seinem verse bestimmtheit zu geben, um den leser nicht in verlegen-

Die zusammengesetzten wörter können wir unter hinweisung auf das, was s. 11-12 gesagt worden, unberücksichtigt lassen.

Folgende beispiele scheinen gesetz B zu bestätigen[1]):

kap. 1.

5a *so unás io uuórt uuónanti,*
5b *er állen zítin uuórolti,*
12a *ioh quám fon himile óbana,*
12b *uuaz mág ih ságen thánanà,*
18b *then liutin régonóti,*
37a *thés nist uuiht in uuórolti,*
37b *thaz gót ana inan uuórahti.*

kap. 2.

3b *thie liuti brédigóta,*
12a *súntar quám sie mánoti,*
12b *ioh thánana in gisáyeti,*
23b *sie dátun só ih thir rédinón,*
30a *sie uuárun er firlóranè,*
30b *nu sint fon góte irbóranè.*

kap. 3.

3a *tharána sint giscribenè,*
3b *úrkúndon mánagè,*
5a *uuúntar filu mánagáz,*
10a *in érdu nóh in himilè,*
10b *thiu iamer sia irbilidè,*

---

heit zu setzen und nicht selber jeden augenblick beim versemachen ins gedränge zu kommen, muste Otfrid oder derjenige, der zuerst in seiner weise dichtete, sich für eine stets gleiche betonung der dreisilbigen am versansgange entscheiden.

[1]) Der gravis bezeichnet hier wieder die silbe, die nach Lachmann den nebenton hat oder haben sollte.

14ᵃ *unio engilo menigi,*
14ᵇ *fuar thar al ingegini,*
31ᵃ *ther lantliut al githageta,*
34ᵇ *thar er fon imo sageta,*
57ᵃ *thaz ist uns hiar gibilidot,*
57ᵇ *in kriste giredinot.*

Anders verhält sich die sache mit den nachstehenden beispielen:

kap. 1.

12ᵃ *ioh quam fon himile obana,*
15ᵇ *mit imo uuoraht(a) er iz thar;*

dieser letzte vers kommt noch vier mal vor: 19ᵇ, 23ᵇ, 27ᵇ, 31ᵇ.

kap. 2.

12ᵇ *ioh thananu in gisageti.*

kap. 3.

20ᵇ *thaz himil theru uuorolti ougit,*
32ᵃ *theru muater sageta er ouh tho tház,*
38ᵃ *then fingar thenita er ouh sár,*
46ᵇ *habetin uuir thie uuizzi,*
55ᵃ *nu garauuemes unsih alle,*
60ᵃ *thar korata sin sar harto.*

Hiernach scheinen die ersten 24 verse Lachmann ohne weiteres zuzustimmen. Zwelf von den 13 übrigen widersprechen ihm wenigstens nicht, da der nebenton der betreffenden wörter vielleicht bloss deshalb nicht zur geltung kommt, weil die unmittelbar folgende silbe einen höhern accent hat. Entschieden gebrochen ist gesetz B nur in einem verse, in *nu gárauuemes iusih állè*, wo der nebenaccent, der auf das erste *e* von *garauuemes* fallen müste, nicht durch eine stark betonte silbe zum schweigen gebracht wird. Dies ergebnis wäre dem zweiten gesetze Lachmanns ausnehmend günstig. Dennoch dürfen wir nicht glauben, dasselbe habe je bestanden. Unter den auf s. 8 und 9 angeführten beispielen, die sich nicht unter gesetz A fügten, sind 25 nichtzusammengesetzte wörter; von diesen 25 haben 17 einen nebenton auf der dritten silbe. Überhaupt behandelt Otfrid die drei- und mehrsilbigen mit la n g e r erster, sofern es ihm nicht beliebt, diese erste für hebung und senkung zu gebrauchen, genau so wie die drei- und mehrsilbigen mit k u r z e r erster. Wie wir finden *uuónantì* (2, 1, 5), *thánanà* (2, 1, 12), *régonòti* (2, 1, 18), so finden wir *ménnisgòn* (2, 2, 14), *uuisotà* (2, 2, 21), *súntigèro* (2, 1, 45); wie *habetin* (2, 3, 46) und *korata* (2, 3, 60), so sind auch *ilemes* (2, 3, 63) und *manodo* (2, 14, 103) mit daktylischem rhythmus zu sprechen; und wie wir lesen mit abgeworfener oder abzuwerfender letzter *uuoraht* (2, 1, 15) und *himile* (2, 1, 12), so ist auch von *zeigota* (2, 3, 19) und *buachari* (2, 3, 44) die letzte zu unterdrücken.

Diese tatsachen lehren, dass der nebenaccent mehrsilbiger wörter vollkommen unabhängig ist von der quantität der ersten silbe, dass folglich weder gesetz A noch gesetz B im Althochdeutschen geltung hatte. Sie lehren dies allerdings zunächst nur für die betonung im verse; dass aber auch die gewönliche rede nichts von Lachmanns gesetzen wuste, wird der folgende abschnitt zeigen.

5.
Die Entwicklung der Sprache gegen Lachmann.

Hätte es wirklich im Alt- und Mittelhochdeutschen so etwas wie gesetz A gegeben, dann hätte doch wol aus *sálida* — nach Lachmann *sálida* — im Mittelhochdeutschen werden müssen *sælet;* denn immer die mindest betonte silbe geht beim verfalle der wortformen zuerst verloren. Aber nicht *sælet*, sondern *sælde* ist die mhd. form. Von den vielen beispielen, welche in gleicher weise gegen gesetz A zeugen, wird es genügen, die folgenden anzuführen: *ziarida — zierde, lêrahha — lêrche, hêrêro — herre, fianta — vinde, êristo — êrste, mennisgon — menschen, minemo — mîme, sinera — sînre, einemo — eime, richisôn — rîchsen, offanôn — offnen, wâfanan — wâfen, folgêta — volgte, trahtôta — trachte, frâgêta — vrâgte.* Doch wir brauchen das Mittelhochdeutsche gar nicht heranzuziehn; aus dem Althochdeutschen, ja aus dem Otfrid allein, können wir Lachmann widerlegen. Die vocalangleichung in wörtern wie *diufeles, hungere, einogon, zeichonon*, desgleichen die vocalschwächung in *opherota, einego, odegun, heilego* u. s. w. wäre doch ganz unmöglich gewesen, wenn jene wörter wirklich auf der zweiten einen nebenton gehabt hätten. Aber beim schwächen bleibt es nicht; ganz und gar hinausgeworfen werden solche nach Lachmann betonte vocale. So steht *andremo* (2, 5, 11; 4, 11, 50; 4, 12, 13 u. ö.) anstatt *andaremo, dougna* (1, 5, 43) für *dougana, gidougnen* (2, 14, 91) für *gidouganen, fordrono* (1, 4, 41) für *fordurono, giuuafniten* (4, 36, 19) für *giuuafaniten, lougnit* (3, 22, 53) für *louginit, lougnita* (5, 15, 24) für *louginita, zeichnungu* (4, 33, 38) für *zeichanungu* u. s. w. Anstatt *finsteremo* (2, 1, 47), *bruodoron* (4, 13, 20), *gizimbiri* (4, 7, 2) der wiener schreibt die freisinger handschrift:

finstremo bruodron gizimbri: und umgekehrt, die wiener hat *lougna* (3, 20, 89), *firlougneti* (4, 13, 48), *gidougno* (2, 21, 4), *geislun* (2, 11, 9), wo die freisinger *longuna firlougeneti gitougono geisilun* bietet. Von besonderer wichtigkeit sind die fünf- bis sechshundert langstämmigen practeritalformen der ersten schwachen conjugation, welche fast ausnahmslos das nach Lachmann betonte *i* auswerfen: nicht *ougitun* sondern *ougtun*, nicht *rihtita* sondern *rihta*, nicht *girumiti* sondern *girumti* u. s. w. heisst es bei Otfrid.

Gegen gesetz B lassen sich entsprechende gründe anführen. Aus *fedara* hätte im Mhd. zunächst *vedere* und dann *vedre* werden müssen. Die erste form kommt vor, die zweite meines wissens nicht, sondern dafür *veder*. Die form *veder* spricht aber gegen gesetz B grade so sehr, wie die form *saelde* gegen gesetz A. Andere beispiele derselben art sind: *obana — oben, fidula — videl, gagani — gegen gein, nisula — nisel, fravili — vrevel, libara — leber, rigilo — rigel, nagalum — nageln, edilin — edeln, bredigota — bredigte*, u. s. w.[1]). Angleichung von vocalen, die nach gesetz B betont sind, findet sich in *managoro* (5, 19, 24), *forahtelen* (3, 20, 87), *forahtiliu* (3, 14, 41 freis. hs.). Wie vorhin *rihta* für *rihtita* und *ougtun* für *ougitun* gegen gesetz A, so beweisen hier gegen gesetz B die formen: *bilidta* (4, 13, 8), *gibilidta* (4, 16, 30 freis. hs.), *gaganta* (2, 7, 10; 4, 18, 38), *ingagenti* (1, 25, 2), *gisidalta* (1, 25, 24; 1, 17, 6), *forahta* (1, 4, 47), *forahtun* (1, 12, 5), *nagalta* (4, 27, 17), *nagultun* (4, 27, 7), *mahalta* (1, 8, 1) u. s. w.

Also auch die geschichte der sprache erklärt sich

---

[1]) Mit den beispielen, die *m n l r* vor dem vocal der dritten silbe haben, könnte es sich allerdings auch anders verhalten; sie könnten den vocal der dritten silbe verloren haben, trotzdem er im Althochdeutschen betont war.

gegen Lachmann. Darauf ist aber ganz besonderes gewicht zu legen; denn während die regeln der metrik zum grossen teile willkürlich und gemacht sind, ist in der sprachentwicklung das meiste notwendig und naturwüchsig.

Die vorstehenden fünf abschnitte der gegenwärtigen abhandlung wurden bereits vor zwei jahren (im herbst 1875) einer unserer philologischen zeitschriften zum drucke angeboten, hatten jedoch nicht das glück, ihren beifall zu gewinnen. Die vorbereitungen zu meiner habilitation, mit denen ich damals beschäftigt war, zogen mich von Lachmann und seinen betonungsgesetzen weit ab, und erst in diesen ferien ist es mir vergönnt, mich wieder in nähere beziehung zu ihnen zu setzen. In der zwischenzeit ist nun zweierlei an das licht getreten, was unsern gegenstand angeht: 1876 wurde die von Müllenhoff besorgte ausgabe der 'Kleineren Schriften' Lachmanns veröffentlicht und damit die bisher ungedruckte zweite abteilung der abhandlung 'Über Althochdeutsche Betonung und Verskunst' zugänglich gemacht, und vor wenigen wochen erschien in Paul und Braune's 'Beiträgen' ein aufsatz von E. Sievers 'Zur Accent- und Lautlehre der Germanischen Sprachen'.

Hatte sich der erste teil der lachmanschen abhandlung mit dem regelmässigen beschäftigt, so führt der zweite die ausnahmen vor. Hier sind von besonderer wichtigkeit die sätze:

'Die regel vom nebenaccent mehrsilbiger wörter kommt in einfachen zusammensetzungen auf eine gedoppelte art in streit mit der verständlichkeit des zweiten teiles, einmal wenn der erste kurzsilbig, dann wenn er zwei- oder mehrsilbig ist und mit der länge anhebt. (S. 395) . . . .

Von weit grösserem umfange und keinen ausnahmen unterworfen ist der zweite fall, in dem jederzeit die regel des nebenaccentes aufgehoben wird. (S. 396)

Von langsilbig anfangenden substantiven (nicht zusammengesetzten) nehmen den nebenton auf der dritten silbe die abgeleiteten auf āri nissi itīn isàl inga und ing an. (S. 403)

Bei den adjektiven kommt durch die bildungen in ig ag ar ing der nebenton auf die letzte silbe, wenn gleich die erste lang ist' (S. 404).

Nach solchen abzügen bleibt freilich nicht allzuviel übrig. Das ganze ist nur ein neuer beweis, dass sich Lachmann mit seinen betonungsgesetzen, wie mit andern dingen auch, in auffallender weise geirrt hat.

Der gegenstand der abhandlung von Sievers ist derjenige meines 4. abschnittes. Wie es dort geschehn, so gründet auch Sievers seine ausführungen auf den satz: Silben, deren vokale in späteren perioden der sprache geschwächt werden oder verloren gehn, sind für minder betont zu halten als solche, deren vokale bleiben. Seine behandlung des gegenstandes hat vor der meinen voraus, dass sie die übrigen germanischen sprachen zur vergleichung heranzieht und alle in frage kommenden fälle der reihe nach durchgeht, und dass sie ausserdem auf die gewinnung positiver sätze abzielt. Ich habe mich eben nur an das zunächst liegende gehalten und aus diesem herausgegriffen, was und wie viel für meinen zweck, die aufstellungen Lachmanns zu widerlegen, nötig schien. Sievers fasst das negative ergebnis seiner erörterungen in dem satze zusammen: 'Lachmanns rhythmisches[1]) accentgesetz galt nicht

---

[1]) Unter 'rhythmisches' versteht Sievers hier 'auf die quantität der ersten silbe gegründetes'.

für die altgermanische prosabetonung; für die versbetonung galt es nur mit bedeutenden einschränkungen, die zum teil von Lachmann selbst hervorgehoben sind'.

Ich glaube oben gezeigt zu haben, dass es auch für die versbetonung nicht galt.

6.
Bemerkungen über Otfrids Vers.

Der otfridische vers ist, wie wol jetzt nicht mehr bezweifelt wird, die deutsche nachbildung des verses der lateinischen kirchenhymne. Er stimmt mit seinem vorbilde darin überein, dass er immer vier hebungen hat, sowie auch darin, dass er stets mit der vierten hebung schliesst. Aber er weicht ab in der behandlung der senkungen; während im lateinischen verse hebung und senkung regelmässig mit einander wechseln, lässt der deutsche die senkung bald fehlen, bald setzt er sie.

Diese auffallende abweichung ist daraus zu erklären, dass der deutsche und der lateinische vers auf ganz verschiedenen grundlagen ruhen, der lateinische auf der quantität, der deutsche auf dem worttone. Der lateinische vers durfte betonen

noctém diémque qui regis,

aber der deutsche war an die grundregel gebunden, welche schon den stabvers beherscht hatte: 'Nur betonte silben können in der hebung stehn'. Der lateinische, in welchem jede beliebige lange silbe in die hebung und jede beliebige kurze oder lange in die senkung treten konnte, und dessen hebung nur daran erkannt wurde, dass ihr eine senkung vorausging oder folgte, durfte natürlich, wenn er nicht aufhören wollte ein vers zu sein, eine senkung nicht auslassen; dagegen dem deutschen, dessen hebungen durch den wortton angezeigt wurden, konnte das fehlen einer oder sogar mehrerer senkungen nichts verschlagen.

Für die hebung gilt die regel, dass sie eine stammsilbe mit haupt- oder nebenton sein muss; von dieser vorschrift werden jedoch drei ausnahmen gemacht, und die hebung darf eine formsilbe oder ein schwach betontes wörtchen sein

1) zwischen zwei formsilben oder schwach betonten wörtchen:

  3, 1, 21 *then lîchamon irwuágtos,*
  . 2, 9 *mit mihileru milti,*
  . . 36 *thia selbun gánzida gihiaz,*
  . . 38 *mit sinemo githígine,*
  . 3, 3 *ioh ouh mit bilide gibót,*
  . . 13 *uuir lázemes uns lîchan,*
  . . 14 *firmónames zi nóti,*
  . . 18 *éinera gibúrti,*
  . . 24 *giládoler ni uuólta,*
  . 4, 16 *iu mánagero iáro*
   u. s. w.

2) nach ausgelassener senkung:

  3, 1, 24 *ih muazi thingen zi thiu,*
  . . 31 *laz thia késtiga sin,*
  . . 35 *ob iaman rámet es thar,*
  . . 38 *thaz imo flant giduat,*
  . 2, 11 *thanne iu uuirdit so nót,*
  . . 18 *ther so kréftiger ist,*
  . . 37 *ther kuning irdisgo tho,*
  . 3, 12 *thia únsera dúmpheit*
   u. s. w.

3) am schlusse des verses:

    1, 23, 1 *quám zi theru stúllu,*

    . . 13 *ioh érlicho imo gágantin,*

    . . 3 *in thia uuúastinn*a u. s. w.

Die senkung ist in der regel eine formsilbe oder ein nicht betontes wörtchen; ausnahmen sind selten und werden durchweg bewirkt durch das streben nach regelmässigem wechsel von hebung und senkung. Siehe darüber oben s. 5—7.

Das auslassen der senkung ist nur nach langer stammsilbe gestattet; sie darf also nicht fehlen:

1) nach kurzsilbiger hebung, denn eine solche kann nicht gedehnt werden und so die zeit ausfüllen, welche für hebung und folgende senkung nötig ist (vgl. oben s. 11—15),

2) nach künstlicher hebung, d. h. nach einer unbetonten silbe, die durch auslassen der senkung oder durch stellung zwischen zwei andre unbetonte silben in die hebung gekommen ist; denn die künstliche hebung würde nicht als hebung erkannt werden, wenn ihr nicht eine senkung folgte.

Zuweilen verstösst jedoch Otfrid gegen diese beiden regeln, welche den ausfall der senkungen beschränken. Ausnahmen von der ersten finden wir, und hebung und senkung werden von kurzer stammsibe gefüllt, in

    1, 3, 37 *iro dágo giuuágo,*

    1, 5, 3 *tho quam bóto fona* **góte**

    1, 7, 4 *mit lidin* **lichamen,**

    1, 11, 44 *ioh thiu in bétte inne* **ligit,**[1]

---

[1] Nicht hierher rechnen möcht ich:

    1, 1, 99 *er ist gizál* **ubarál,**

Ausnahmen von der zweiten regel finden sich, und die senkung fehlt nach künstlicher hebung

a) vier mal nach der zweiten zweisilbiger wörter:

   1, 2, 3 *fingar thinan*,

   . 4, 7 *uuizzod sinan*,

   . 6, 11 *thia stimmun thina*,

   . 7, 9 *mähtig drühtin*;

b) regelmässig nach der zweiten dreisilbiger vorne langer wörter, wenn sie den vers schliessen:

   4, 1, 9 *sinen fianton*,

   . . 14 *ni sie inan minnotin*,

   . 2, 2 *ouh tho ginádoti*,

   . . 25 *farent uuállonte*,

   3, 13, 7 *ioh thie héreston*

   u. s. w.

Wir haben oben (s. 16-17) gesehn, was Otfrid zwang, die dreisilbigen mit langer erster auch auf der zweiten zu betonen. Eine anzahl wörter dieser klasse fehlen zugleich auch gegen die erste regel, indem sie hebung und folgende senkung durch eine kurze silbe füllen lassen:

   1, 3, 37 *fon alten uuizagon*,

   1, 4, 9 *kindo zéizero*,

   . . 49 *iu filu mánegero*,

   . . 57 *ni doh irbólgono*,

   . 7, 10 *in mir ármeru*,

   2, 4, 20 *thaz ér ekordi éino*,

   2, 14, 4 *themo uuárlicho mán ist*,

   3, 22, 45 *thu bist mán einfolt*,

   4, 13, 7 *gibót alammuaz*.

In diesen fällen scheint mir der auslautende consonant zusammen mit dem anlautenden spiritus lenis, der allerdings gewöhnlich für nichts gerechnet wird, ein hinlängliches hemmnis zu bilden, d. i. 'position zu machen'.

. . 18 *firliaz er itale,*
. . 24 *mit allen sálidon.*

Es ist hervorzuheben, dass diese sowie die vorhin angeführten verstösse gegen die erste regel sämtlich dem ersten buche angehören.

Wie die senkung ganz fehlen kann, so kann sie auch aus mehreren silben bestehn. Zweisilbige senkung ist häufig; sie findet sich z. b. in:

 2, 14, 103ª *ir quedet in álauuari,*
. .   103ᵇ *thaz mánodo sin noh fiari,*
. .   38 *nub áuur nan thúrst gethuinge,*
. .   31 *fúrira uuán ih thu ni bist,*
. .   72 *mit uuáru nuilit ther gótes geist,*
. .   67 *thoh quimit noh thera ziti frist,*
. .   47 *hólo quad er sar zi érist,*
. .   57 *thie bétotun hiar in bérgon,*
. .   81 *tho quamun thie iúngoron innan thes.*

Dreisilbige senkung ist selten; sie findet sich z. b.:

 4, 12, 32 *hábetun sie mihila éra,*
 3, 6, 7 *bi managemo séltsane,*
 1, 15, 8 *giuuérota inan thes gihéizes,*
 2, 3, 55 *nu gárauuemes unsih álle,*
 4, 7, 21 *ni súorget fora themo liute,*
 1, 15, 21 *uuúntoroto sih tho hárto.*

Lachmann behauptet, die senkung des otfridischen verses dürfe nur einsilbig sein, und bloss der auftakt lasse allenfalls mehrere silben zu. Da aber doch viele senkungen nicht einsilbig sind, sondern mehrsilbig, so erfindet er die kunst der silbenverschleifung, d. i. die kunst aus zwei silben, die durch einen einfachen consonanten getrennt sind, eine zu machen. Lachmann ist auf die 'silbenverschleifung' offenbar durch die tatsache geführt worden, dass Otfrid öfters sagt *zeru* statt *zi theru*, *zemo* statt *zi themo*, *theih* statt *thaz ih*, *quis quit* statt *quidis quidit* u. s. w. Aber dies sind einzelne zusammenziehungen, die sicherlich schon in der gewönlichen rede gebräuchlich waren, während eine einsilbige aussprache von *nement scuhun tharu habēt sihit sagēn* oder eine zweisilbige von *betōta habētun thanana* u. s. w. im neunten jahrhundert einfach nicht möglich war[1]). Lachmanns lehre von der einsilbigkeit der senkung ist entschieden zu verwerfen. Dass Otfrids senkung in der regel einsilbig ist, gibt uns nicht das recht zu behaupten, sie sei immer einsilbig. Einen vers, der im wesentlichen auf dem worttone beruht, kann eine zweisilbige senkung so wenig in unordnung bringen wie eine fehlende. Die dreisilbigen senkungen freilich sind unschön; dafür sind sie aber auch selten.

So wenig wie für den althochdeutschen versbau lässt sich auch für den auf ihm beruhenden mittelhochdeutschen die regel, dass die senkung stets einsilbig sein müsse, aufrecht erhalten. Das fällt allerdings, wenn man unsere drucke liest, nicht sogleich in die augen. Lachmanns und die nach seinen grundsätzen besorgten ausgaben mittelhochdeutscher dichter setzen manches *e*, von welchem die handschriftliche überlieferung nichts weiss, und umgekehrt manches *e* streichen sie, das in der handschrift klar und deutlich zu lesen steht; ihnen scheint es weniger heilige pflicht, getreue texte zu liefern, als den lachmannschen betonungsgesetzen und versregeln auf die beine zu helfen.

---

[1]) Ueber diesen punkt hat bereits Hügel auf s. 18 und 19 der oben genannten schrift vollkommen richtig geurteilt.

Ich habe mich bemüht zu zeigen, dass Lachmanns betonungsgesetze im Althochdeutschen so wenig gegolten haben können, wie sie im Neuhochdeutschen gelten, und dass Ottfrids vers ihrer nicht nur nicht bedarf, sondern sogar weniger schwierigkeiten bietet ohne sie. Es bleibt nun zu untersuchen übrig, welche regeln denn der althochdeutschen betonung der formsilben zu grunde lagen. In dieser beziehung ist ein trefflicher anfang gemacht worden in dem weiter oben erwähnten aufsatze von Sievers. Erst wenn wir hinlänglich über die nebentöne der formsilben unterrichtet sind, kann das verhältnis der otfridischen versbetonung zur betonung der gewönlichen rede im einzelnen genau festgestellt werden. So viel lässt sich indessen schon jetzt mit sicherheit sagen, dass Otfrid mit den nebentönen der formsilben im allgemeinen ziemlich frei schaltet.